AF395315

6779

L'ALPHABET FRANÇAIS,

A l'usage des petits Enfans, pour leur apprendre à épeler et à bien lire.

ÉGALITÉ, LIBERTÉ.

A PARIS,

Chez les Marchands Libraires, Merciers, Papetiers et Épiciers.

———————————

L'AN II DE LA RÉPUBLIQUE FRANÇAISE.

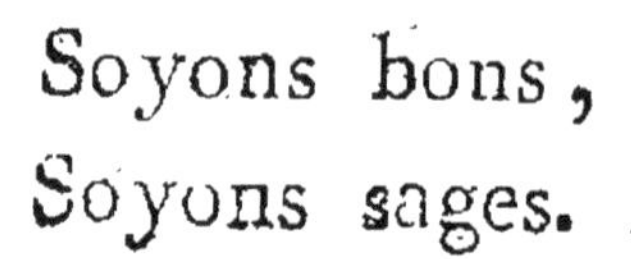

Les bonnes Lois
Font les bonnes mœurs.

a, b, c, d, e, f, g, h,
i, j, k, l, m, n, o, p,
q, r, s, t, u, v, x, y,
z, &.

A, B, C, D, E, F, G,
H, I, J, K, L, M, N,
O, P, Q, R, S, T, U,
V, X, Y, Z, &.

---

ba	be	bi	bo	bu.
ca	ce	ci	co	cu.
da	de	di	do	du.

fa	fe	fi	fo	fu.
pha	phe	phi	pho	phu.
ga	ge	gi	go	gu.
ha	he	hi	ho	hu.
ja	je	ji	jo	ju.
la	le	li	lo	lu.
ma	me	mi	mo	mu.
na	ne	ni	no	nu.
pa	pe	pi	po	pu.
qua	que	qui	quo	quu.
ra	re	ri	ro	ru.
sa	se	si	so	su.

ta	te	ti	to	tu.
va	ve	vi	vo	vu.
xa	xe	xi	xo	xu.
za	ze	zi	zo	zu.

Bla	ble	bli	blo	blu.
bra	bre	bri	bro	bru.
cra	cre	cri	cro	cru.
cla	cle	cli	clo	clu.
chra	chre	chri	chro	chru.
dra	dre	dri	dro	dru.
fra	fre	fri	fro	fru.
phra	phre	phri	phro	phru.

fla   fle   fli   flo   flu.
gra   gre   gri   gro   gru.
gla   gle   gli   glo   glu.
pla   ple   pli   plo   plu.
pra   pre   pri   pro   pru.
spa   spe   spi   spo   spu.
sta   ste   sti   sto   stu.
tra   tre   tri   tro   tru.
vra   vre   vri   vro   vru.

La devise de France est:

VIVRE LIBRE.

Papa, Maman, Minet,

le Jardin, le Chat, le Chien, l'Oiseau, un Tambour, des Poupées.

Oui, j'aime à lire. Du pain, du vin, de la viande. Un Chariot. Voilà mon livre. J'irai promener, quand il fera beau. Maman et Papa m'acheteront des Poires et des Pommes. Si je suis bien sage, j'aurai de beaux souliers, des livres

pleins d'images. J'irai voir
le superbe Soleil et la cam-
pagne avec ma bonne amie.

Nous verrons des arbres,
des gazons, des fleurs, des
oiseaux, des mouches et
des grands moulins, où il
y a de la bonne farine,
pour faire du bon pain et
des petits gâteaux.

Voici les mois de l'année.
Vindémiaire, Brumaire, Fri-

maire, Nivôs, Ventôs, Plu-
viôs, Germinal, Floréal, Pré-
réal, Messidor, Fervidor et
Fructidor.

Noms des Saisons.

Le Printems, l'Été, l'Au-
tomne et l'Hiver.

*Au Printems, il y a de
belles Fleurs. En Été, il
pousse du Blé. Dans l'Au-
tomne, il vient du bon Raisin.
En Hiver, on se Chauffe.*

Voilà les noms des jours de chaque Décade.

1   2   3

Primidi, Duodi, Tridi,

4   5   6

Quartidi, Quintidi, Sextidi,

7   8   9

Septidi, Octodi, Nonodi,

10

Décadi.

Pour faire la Cuisine, il faut du Feu, de l'Eau, une

Marmite, la Pelle, les Pincettes, le Soufflet, un Réchaud, un Gril, une Casserole, une Broche, de la Viande ou du Poisson, des Légumes et des Herbes, du Beurre ou de la Graisse, du Poivre, du Sel, des Œufs, des Oignons, de la Ciboule, des Echalotes, un Couteau, une Fontaine, etc.

De la Propreté.

Les enfans qui sont pro-
pres, sont aimés de tout le
monde. Cela est juste.

Pour la Santé.

Il faut bien travailler,
bien jouer, bien dormir.

Du Mensonge.

Les petits enfans qui
mentent, sont laids.

Noms des chiffres.

1   2   3   4

un, deux, trois, quatre,

5   6   7   8

cinq, six, sept, huit,

9   et   10.

neuf et dix.

DE L'ARITHMÉTIQUE.

Addition.

Un chat et deux chats font trois chats.

1 chat

et 2 chats

font 3 chats.

Soustraction.

Qui de 4 pommes, retire 2 pommes, restent 2 pommes.

Multiplication.

Trois fois 2 chevaux font 6 chevaux. Deux fois deux gâteaux font 4 gâteaux.

Trois fleurs entre trois, c'est une fleur par personne.

Les petites demoiselles qui apprendront comme il faut, auront de belles Poupées et de beaux petits ménages.

Les petits garçons qui seront savans, sont sûrs d'avoir un Tambour et un Fusil.

Le chat égratignera ceux qui seront méchans.

VIVE LA LIBERTÉ!

———————————

Les enfans qui liront bien, auront le beau Livre d'or.

www.ingramcontent.com/pod-product-compliance
Ingram Content Group UK Ltd.
Pitfield, Milton Keynes, MK11 3LW, UK
UKHW021054120726
13693UKWH00006B/2617